JN418118

유상용 時調선집

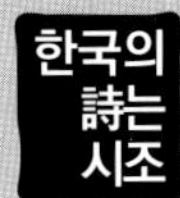

나는 나로

도서출판 세화

시조시인의 말

미를 추구하는 문학예술에서 안 쓰고는 못 배길 시조가 내게 글을 쓰게 하지만, 참으로 피와 살을 말리는 힘든 창작이다.

한국 시조의 우월성은 자유시에 비할 바가 아님에도 우리 한국에서 큰 사랑을 받지 못함은, 시조시인으로서 할 말을 잊는다.

현대시조는 시를 위한 시조이지 창을 위한 시조가 아님을 말하고 싶다. 3 · 4조 정형을 지키면서 그 내용은 자유시와 다를 바 없이 자유로운 주제에 긴축과 함축미를 추구한다. 시조의 율격에 무릎 칠 혼이 담긴 작품을 염원하나, 상상력에 머물고 있어도 나는 내 길을 걸어 왔다. 비유보다 직유의 개성으로…

그래도 지울 수 없는 시조의 율격에 피 말리는 가슴의 적나라함, 심금을 울릴 소재의 말 찾으려고 내 안의 경험들을 마음 새워 찾는다.

살아 본 체험 속에 긴장이 절절한 한 편의 시조를 위해 오늘도 시조를 쓰고 있다. 거기마다 글 날이 빛나 운율의 숨결이 파동 치도록 미학적 충격을 위한 세계적인 시조를 써야 하는 의욕이 살아 있어 시조 쓰기를 계속한다.

현대시조 창작이란, 민족적인 율격과 서정적인 울림이

省察적 수련이듯, 형식이 중시되는 문학임을 일깨우는 현실에서 관념적인 지식보다 영혼에 스밀 내 삶의 어딘가를 써보려고 노력한다.

21세기의 세상은 암호로 압축 저장하는 디지털 시대에서 3D프린트 시대인데, 가슴에 울림을 주는 시조 작품을 기대함은 동떨어진 개인의 사념일까.

향가에서 뿌리를 내려 한국시조로 뻗어나온 시조는, 초장과 중장이 3 · 4조, 종장이 3 · 5 · 4 · 3조로 되어 있음은 주지의 사실이다.

수백 년 전의 고대 시조는 양반들이 술이나 마시며 낮잠을 자기 좋은 느릿한 창법이었으나, 요즘의 현대 시조는 율격 외에는 자유시와 다를 바 없음을 강조하고 싶다.

현 시대의 시조는 현대의 생활 흐름에 맞게 주제나 소재에서 훨씬 자유로운 언어의 절제로 자연과 서정적 삶의 인식론적 차원에서, 운율의 숨결이 파동치도록 미학적 충격을 위한 한국적 세계적인 시조를 써야 한다는 분들의 말씀에 내 감응이 더해 누가 뭐래도 시조 쓰기를 계속하고 있다.

2021년 1월
부여 문화마을에서
유 상 용

유상용 시인

한국의 詩는 시조

유상용 時調선집

나는 나로

차례

국화

푸른 숲 빠져나간
흰 구름 머문자리

스러지는 풀잎 밟고 꽃으로 돌아와

노오란
숨결 높이어
나만 보는
저 눈 빛

두 생각 못하여 하늘 맑은 거기쯤

지는 잎 깔아 놓고
화들짝 피어나

내 눈길
담쑥히 뺏어
채워주는 주릴 미美

팽이

자신을 알기 위해
돌고 돌아 살다가

내가 나를 아는 것이
가장 높은 지식임에

사람은
목숨을 거두어도
더운 피가
도는 것

느티나무 2

한 발짝 못 움직여
내 필요함 내 안에 찾아

허공 층층 쌓는 녹빛
치욕恥辱없이 못 피운 잎

누대의
옹이 진 일에
의연毅然함의
이 전율

옥토자리 아니어도
일손에 의미 품어

살팍진 가지들 펴
하늘 채울 삶의 무늬

일에 일
손실 멈추고
몸을 낮춰
찾습니다

내 안의 눈물

침묵으로 쓰는 진심
눈빛으로 안 되나요

마음에 남은 진실
눈물로 부족한가요

물위에
떨어진 눈물
물결만이
알까요

댐

세상사 분망함을
흐르며 말하는 샛강

넉넉한 댐에 이르러
둥글게 집을 짓고

온 종일
큰 가슴 열어
논에 젖을
물린다

소

세월, 그 갈피로
지우지 못하는 굴레

역한 바람타고
맴돌아 오는데

그 무슨
기약이 남아
논 밭 그리
일구나

못내 풀린 고삐에
달라붙은 삶의 멍에

음성을 가누어
빈 하늘 찢어 봐도

허공에
돌아오는 것
번뜩이는
도끼날

소나무

어깨는 굽어 돌고
한 팔은 뒤틀려도

청청한 유업 쌓아 낮은 허공 받쳤는데

바람이
침엽을 딛고
왔다 가는
저 소리야

누대의 구슬땀에
소나문들 편하랴만

누군가 찾아줄까
비늘 몸 붉히면

짙푸름
끝간 데쯤에
배어나는
적막감

이를 길 끝 모를
바람이 말을 걸면
손끝으로 허공 잡고
맞아 주는 눈 웃음

구름도
늘 푸른 심성을
우러르다
돌아 가네

푸른 잎을 지키려고 몸 곳곳에 옹이가 배는 아픔,
내 마음도 일심 청청을 닮아 꿋꿋이 일어서라고
소나무가 손 흔들어 충고한다.

억새꽃

저녁놀에 물드는 꽃
가을이 깊었나

기러기떼 하늘 그림
초겨울을 말하는데

저 바람
꽃잎에 앉아
그려내는
계절 무늬

고아

하늘이 무너지고
땅이 꺼진 너

달라붙는 외로움
비운 밟고 걷는 새벽

어린 키
못 다할 힘에
눈물 마른
발걸음

사람 냄새 배인 곳
새벽보다 먼저 깨어

몸에 부친 일감들
싹틔우는 아픔에

머무는
곳곳의 거기마다
부모 없는
저 눈빛

손

손이 그려내는 삶의 틈새 보아라
닳아진 손마디 세상 그림 보아라

굳어진
손가락 사이
빠져나간 세월 흔적

손마디 굵을수록 손길은 길들여져
身命 받은 내 일에 와서 맺힌 땀방울

말없이
말을 하는 손
묻어나는 사는 얘기

둥그런 지구굴레 손 안에 휘어잡고
당당한 나를 그려 스미는 나의 냄새

내 길을
가고 나면 그래
웃음 길이 여기여라

춘난

삶이 힘든다 해도
대꾸하지 않는다

누군가 무시해도
개의치 않는다

살면서
흘리는 눈물은
마른 눈물
모른다

보람을 찾아

치욕 없이 생활 없는
세상의 끈을 잡고

가난의 날을 갈아
자르고 꿰매는 동안

몸내에
가득한 빈한貧寒
몰아내는
내 소리

날 선 욕설 참으며
넘치는 땀에서

한 획을 긋듯이
내일쯤엔 뜻의 성취

보람의
몇 날을 찾아
그리 멀리
돌아왔네

보람을 찾아 한 발 더 일을 할 때
화들짝 웃게 할지 울게 할지
사는 마음을 바꿀 것이다.
산등에 구름도 짐이 무거워
산골에 땀을 흘리듯이
사람은 일을 하는 데에 보람이 있다.

딸보솔

작은 키의 부모 만나
크지도 못함인가

척박한 땅 목마름에
바위짬 극터듬는

나날이
땀 배인 일에
달라붙는
빈한 함

그냥, 얻어지는 것
아무것도 없는 세상

기도는 간절한
바램일 뿐인가

목마름
벗어나려는
가난 같은
딸보솔

부모님

자식들 괴로움 대신 받기 원하시며

언제나 그렇듯
자녀 허물 살피시는

날마다
사랑 그리고 은혜
온 집안을 감쌉니다

집 안 밖의 일에 묻혀 고생들의 구체적 침묵
자녀 위한 나날로 기도하시는 부모님,

넘치는
부모 은혜로
저 하늘이
좁습니다

걸으시는 걸음마다
자식 곁에 와 계시는

심장까지 떼어 주시고
목숨 바치실 부모님,

사람은
우주 근본이 되란
부모 말씀 새깁니다

집안 하늘인 아버지
땅이신 어머니

아버지의 넓은 덕, 어머니의 자애심

내 생애
굴레 안에서
갚아야 할
빚입니다

산다는 것은

배워서 아는 만큼
보이는 세상에서

날아가는 내 시간에
매달리고 끌려가며

나의 길
길을 닦고 닦아
내 이름을
쓰는 것

새벽 종

이슬 밟고 달려와
내 안에 스미어

녹을 씻는 음성으로
어루만져 주는 소리

내 마음
가라앉혀 놓고
하늘문에
오르네

한 줄기 소리 빛이 새벽 밟고 달려와

또 하루 지은 죄들
종소리가 감싸 안 듯

내 안에
쌓이는 말씀
하늘 문에 내려 놓네

까마귀

몸 하나의 짐 보따리
떨구며 꾸려가며

눈 덮인 산기슭
돌아가는 까마귀야

눈 위에
청백한 살림
펼쳐 보인
세간인가

산허리쯤 흔적없이 검은 선 긋는 뜻은

쌓인 눈이 흙으로
돌아가기 그 전에

발자취
남기고 싶어
왔다 가는
걸음인가

눈을 이고 말문 닫은 강기슭 굽이 돌아
자취 없이 가고 있는 까마귀의 날갯짓

눈 위를
내 눈으로 걷는
여기 나는
무엇인가

산다는 건 눈 위를 금방 스쳐가는 까마귀의 모습과 흡사하다.
내 눈으로 눈 쌓인 곳을 바라보는 나는 과연 무엇일까.
자연이 좋아 혼자되어 보지만 이룬 것이 없어 텅 빈 마음이다.

연기

가늣한 보람도
데려갈 수 없는데

검질긴 근심도
따라올 수 없는데

잠시간
머물다 떠나는
헛것들이
보이오

상록수

빈 가지 흔드는 바람
그리 많은 변명 속에

이어 받은 푸른 뼈대
날 선 바람 나달대도

겨울의
창백한 숨소리
횟수 줄여
낮추는 몸

옷 벗은 나무처럼
빈말로 나서지 않고

남다른 열기 세워
하찮은 듯 참아내는

철마다
번뜩이는 심성
가만히
지켜내는

날개

뒤채는 바람의 허리
한 동강 잘라내며

날개 접고 툭 떨어져
숨 거두는 독수리야

잘 가라
못다 편 날개 깃
펼치려는 내가 있다

내 시간 녹이 슬어
내 이생 끝나기 전에

시간을 내가 먹어
살아가는 이승 强作

이 어깨
날개가 돋아
來歲 길로
날고 싶다

대

속마음 희게 비워
푸른 뼈대 이어 내림

곧은 혈기 내려 지킨
핏줄의 장장 시련

겨울의
한 가운데쯤
하늘보다
푸르름

높은 허공 우러러
물길을 거꾸로 당겨

바람을 갈라 내며
휘청이는 고절孤節에

몸 세워
하늘 간데 쯤
온 세상을
바로 세운다

봄

가난을 일으키던
메마른 겨울 밀치고

바람 푸른 창공으로
눈 비비는 봄 뿌리들

가을엔
어딘가 떠나련만
사는 숨결
꽉 채운다

간이역

평행선 레일만
산비탈 돌아가고

구름 그림자 몇 가닥
간이역 깔고 앉아

만나고
헤어지던 얘기
가만가만
듣고 있다

동강 잘린 벼 포기들
줄 서 있는 논둑 너머

녹스는 철로 길에
팔을 베고 누운 풀들,

간이역
문화 흐름에
分福누린
잡초들

장미

내일이면 떠나 갈
그 말을 못다 하여

어느 눈이 주린 미美를
채울런지 그럴런지

울 넘어
잠시 왔다가
벌써 떠난
빈 자리

장미꽃은 오묘하고 열정적이나 며칠을 못 버티듯이,
탄력 있고 아름다운 여인도 몇 년을 못다 가서
주름이 늘어 무거운 세월이 된다.
이것이 꽃나무 곁을 스쳐가는 인생이다.

손(Ⅱ)

갈 길 바쁜 짐을 지고
살아서 버티는 손,

엉킨 일 풀어내는
양손의 멍에 사이

당당한
나를 그리며
묻어나는
나의 냄새

손안에 그려지는 나의 생활을 본다.
손이 뒤틀리고 피멍이 드는 우리 살림,
손이 편할 때는 잠자는 시간이다.

살며 생각하며

부모 계셔 내가 있고
내가 있어 세상 있네

단 한 번 지나고 마는 사람의 길이다
자식의 도리 깨치려고 이제야 준비한다
효행의 길을 지키려고 내 안의 타인을 몰아낸다
검버섯 같은 나이는 들거나 놓지도 못하지만,
부모위한 햇살 한 줌이 이마에 찰싹 달라붙어
사람다운 향내가 배어나도록 나다운 목소리로
길을 가련다

부모께
진 목숨의 빚
생전에 다
갚으랴

예수님도 부처님도 스스로 돕는 자를 돕지,
부모께 불효하는 자나 게으른 자는 지켜주지 않을 것이다.
산다는 것은 모두가 수난이나, 소망의 좌표에 이를 때까지
바보면 어떻고 졸부면 어떠랴.

새벽은 다시 온다

비바람에 깎일수록
단단한 바위에

언젠가 기어이
실금을 그어 내어

금이 간
바위 틈새에
씨 뿌리어
싹 틔우리

장성댐

장성군 거기쯤에
한때의 강을 막아

샛강들 화합으로
물의 부를 일으켜

메마른
세상 인심을
설득하며
앉아 있다

백양사 골짝에
몸을 씻은 물살이

기슭을 휘돌아
장성댐에 이르러

둥근 듯
넉넉한 몸에
가슴 열고
젖을 물린다

어머니 품 같은 장성댐은 그 깊이를 알 수 없다.
목마른 농부들에게 생명줄인 넉넉한 댐은,
장성군민들의 울타리 없는 젖줄이다.

빈 술병

낙엽의 신음소리 쌓이는 기슭에

등을 대고 누워 있는
빈 술병 하나가

세월이 깊어 갈수록
누구만을 기다릴까

이별의 한이야 빈 술병 뿐이랴만
흙바람 쌓인 잎에 등줄기 묻혀간다

술병을
스치는 세월 무심 겹겹 스민다

언젠가 인연만나
손 잡아 준다면
향내 가득 술을 담아
더운 피를 바치련만,

입가에
번지는 미소로
즐거움을
드리리다

빈 농가

비틀려 매달린
부엌문 사이로

들고 나는 바람만
적막을 깨우는데

닳아진
농가 도구들
주인잃고
뒹군다

침묵하는 흙벽에
갸웃 둥한 빈 농가

지붕을 감싼 감나무
참새도 오지않고

대문 앞
지워지는 길
낙엽 쌓여 묻혀 간다

아내

아내의 길로 끝날 때까지
날 만나려고 세상에 온 당신

집안 살림 되풀이에
낳고 기른 모진 세월

내 아내
날 믿어주며
절약이
몸에 뱄네

한 번 와서 가는 날까지
몸과 마음 다 내어주고

내가 지칠 때 손 잡아
따뜻한 말로 일으키며

아파도
말을 숨기는
아내 위해
살으리다

수평선

시야가 닿는 곳 너머
경험은 늘 부족하다

바다가 하늘을 붙들고 사는 수평선에서 개인적 위기를 극복해야 할 우주의 이치가 묻어난다. 석양이 붉은 입술로 잿빛 구름을 적시어 노을로 달려가는 지구의 발걸음에서 자연의 전체와 하나가 되어야 하는 수평선에 묻혀간다. 지구촌 역사의 크고 작은 태동을 깨치면서……

내 눈길
닿는 곳 너머
보일 듯한
삶의 띠

감이 익는 마을

가을을 지새우는
감들이 붉어져서

담 너머 이웃집 홍시
허락 없이 따 먹었네

남의 집
감 하나 딴 죄
걸음마다
붙어 산다

죄와 멀리 살아보려
산촌에 왔는데

죄는 늘 양심에
붙어서 살려 하네

마음에
드러나는 죄
죄를 죄로
못 씻는다

들국화

두 생각 못하고
기우는 햇살에 살아

몇 겹의 속옷 사이
가슴 활짝 열면

고독한
햇볕도 그래
발길 놓고
바라 본다

깊은 하늘 우러러
서릿물로 얼굴 씻고

스러지는 들녘을
어깨 받쳐 지키는

노오란
숨결 소리가
먼 향기로
남는다

들국화는 봄, 여름을 마다하고
가을에야 꽃을 피운다.
약한 듯 강인한 가을의 숨소리,
온 들녘이 노오랗다.

낭보郎報

산골 물 바윌 씻으며
낭랑 노래 부르고

활짝 웃는 잎새마다
손 흔들어 반겨주는

내 우주
작은 숨길이
크게 열린
오늘 본다

모래

파도가 겉옷을 벗겨
뽀얀 속살 보인다

身命받는 내 일에
휘어진 허리를

네 몸에
맡기고 보면
너는 나의
연인이다

살점은 파도에 주고
잔 뼈로의 모래알

한 조각 구름 사이
온 몸을 말리더니

강강한
가슴을 열어
안아주는
연인아

바위

먼 날의 날들에
바위도 길 떠난다

그 보다 오래 살
상상의 씨 찾다가

살아 온
됨됨이 보다
주름들이
와 있다

내안의 나끼리
세상 흐름 깨치다가

실금의 바위틈에
등을 밀치는 바람 본다

흙 한 점
바위틈 사이
스러지면
뭣이 되나

바위(Ⅱ)

세월쯤 쉽게 버텨
침묵으로 살던 바위

자신을 낮게 더 낮게
높여 더 높이다가

땅위의
흙 한 점이듯
떠나가는
바윌 보네

유유자적 곧은 심성
내 그리 닮아 보려면

바위도 길 떠나는
틈새를 보겠네

바위의
고랑 사이에
씨 심고픈
한 사람

조상 대대로 살아온 모습을 지켜본
바위도 실금이 생겨,
그 틈새에 씨를 싹 틔울 씨앗을 찾고 있네.

시간

물살은 흘러가도
물은 두고 간다

대해大海는 보이잖고
물쫄렁 웬 갈림길

목 빼고
멈칫하려니
서산 이미
지는 해

흔한 것이 시간 같아서 여유롭게 살다가
목을 조여 오는 시간의 그물망을 못 보아,
내 남은 시간이 석양을 데리고 나를 찾으러 오고 있네

시간 2

산기슭 빠져나온 계절의 흐름따라
산야의 생명들 변하고 있는데

덩달아
따라 흐르는
호흡 속의
내 시간아

강물은 흘러도
어제처럼 젊은데

늙어가는 내 시간은
멈춤이 보이잖고

가버린
내 시간들은
다시 못올
죽음아

산그늘

먹물로 번지는 듯
스미는 산그늘이

계절의 앙금을
삭히다가 쓸어 내다가

모든 죄
그늘에 묻어 주고
용서하며
가려나

적막을 더하는
외딴집의 흙벽에

몸을 틀어 갸우뚱한
문설주 넘는 노을

일생을
넘나든 문턱
산그늘이
지운다

시간 3

내 콧구멍 속으로
지나간 시간은

못 올 곳으로 가버려서
아랫도리 휘청인다

석양이
말 없이 다가와도
내 할일은
해야지

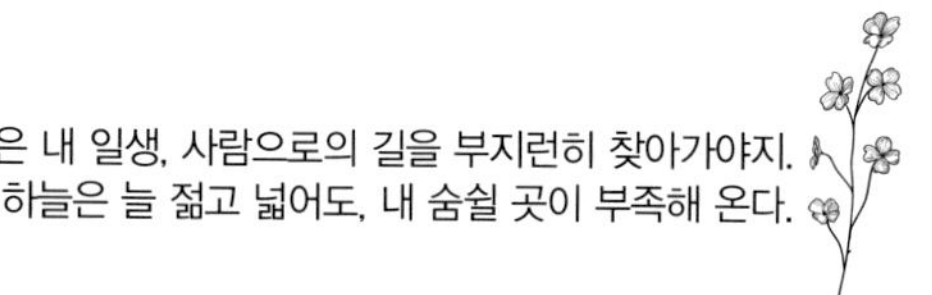

짧은 내 일생, 사람으로의 길을 부지런히 찾아가야지.
하늘은 늘 젊고 넓어도, 내 숨쉴 곳이 부족해 온다.

독거獨居 노인

조금씩 집어 내어
바닥난 쌀자루

독거 노인 한숨 따라
겨울이 깊어 간다

빈 내장
오글리는 소리
방 안을
채운다

산골 깊은 움막에
가진 것 없는 노인

텅 비인 쌀자루가
숨 죽어 앉을 때

노인의
커지는 한숨
빈 자루를
채우네

외딴 움막에 일그러진 70대 독거 노인,
자식들이 저지르는 죄와 불효를
용서함은 부모인데,
효행의 백의민족 옛말이던가.

제 멋에

날아간 새들의
흔적도 모르면서

이 시간을 놓치며
무엇을 얻었다고

제 멋에
남다를 자존自尊,
눈썹 올려
뭐라 한다

누군가의 남보다
위쪽에 서고 싶어

높이로 더 높이
발꿈치 높이다가

뭔가를
보고 깨친듯
입 다물고
눈을 감네

학교 공부의 이론은
사회의 현실보다 한 발 늦을 때가 있다.
대학 공부를 믿고 세상이 내 것이듯 야망을 품다가
만만찮은 사회 경험에 의기소침 한다.

강가에서

물살에 땀흘리는 봇물
버텨내는 신음소리

흘러도 그 자리에
늙지 않고 채움에서

강물은
흐를 줄 알게 됨을
진실되게
말한다

살아 본 고충을
흐르며 말하는 강

물속 말씀에 귀 기울여
물살로 평정하고

물결로
세상의 큰 뜻을
보여주며
일에 산다

한라산

천로天路의 영원성에
우주 이치를 깨친 듯

미움도 반김도 없이
능선과 구릉 거느리고

하늘의
너비만큼을
펴고서는
가슴팍

부부

둘 사이 넉넉한 눈빛
믿음 관심 배어나고

마주보고 앉으면
편하고 위안되는

얼굴도
닮아 가더니
하나 되는
두 마음

아기 웃음

거짓이 섞임 없는
아기의 웃음에

행여나 울음 될가
그늑하게 안아보면

하이얀
앞니 두개, 그래
나라 기둥
한국 미래

허수아비

하얀 몸매 헐은 입술
수심어린 저 눈빛은

깊이 닿는 외로움을
밀어내는 몸짓인가

온하루
너스레 떨면
숨길 펴는
곡식들

일

삶으로의 여정에서
서로 닮은 가정 살림,

옷 속에 땀 주머니
키워야 하는 나날에

편안만
꿈꿀 수 없는
사람 아는
사람아

허공의 시간들은
늘 젊게 살건만

오늘은 다시 없을
나의 길 내 일들에

발걸음
또렷이 밟으려
딛고 또
딛는다

바위며 돌이며
그래도 길 막힘

잡다한 골짝마다
막혀라, 눈물 핑 돌도록

무던히
내 길을 찾아
돌고 돌아
여기이네

사람은 일을 하기 위해 세상에 왔으므로
삶에 지칠 때는 하늘을 바라보리라.
주름진 구름을 거두는 일에 늘 바쁜 하늘인데도
파랗게 웃어주는 하늘처럼 내 일들을 위해 사는 사람 되리.

책

무지의 깊이를 그래
책에게 고백하니

연이은 어두운 길
이제야 밝혀준다

배움이
내게 돌아와서
나, 본인을
보게 한다

시조밭을 일구며

척박한 시조 밭에 돌처럼 일어서서
정형시 싹 틔우려 관념을 삭혀넣고

상상의 운율을 따라 시조밭을 일군다

웃음조차 멎게 할 굵고 단 열매 그려
묵정 밭의 美麗한 꽃 피우려 하나

잡초의 손들이 와서
줄기를 휘감는다

긴축이 내재된 말에 말 깊이로
무릎 칠 감동을 일으킬 긴장감,

한 생명 혼 불을 켜는 시조 밭의 한 뿌리

공부와 일

엉덩이 겉옷이 닳고
팔꿈치 옷이 해지도록

책상앞에 나날이 앉아
끈기로운 공부, 공부

책 안에
진리의 학식
캐 올리는 피 말림

세상에 온 사람이니 일에 일하는 일인데

어제 일에 멈짓하여
오늘 일에 등골 휘네

일에 일
손 발이 뒤틀리고
지문들이 지워진다

물의 기행

산골에서 태어나
가고 있는 물살들,

의향意向도 없는 곳을
왜 그리 가야 하나

기슭을
굽이 돌다가
헤어지는
갈림길

일상 여정 숨 가빠도
한 번 크게 웃고파서

내딛는 발길마다
눈眼 열고 귀耳 다스려

인생길
굽이 돌아돌아
틈이 없이
살아 간다

물은 흐르지 않으면 썩고 만다.
물줄기가 가야 할 곳은 강이 아니라 바다지만,
사람이 부르면 몸을 바친다.
흔한 물은 곧 사람의 생명수다.

물

기슭의 끈을 잡고
물마루 구비 돌아

몸 낮추고 허리 굽혀
삶의 깊이 재는 물살,

목 마른
목숨들에게
몸을 사뤄
바친다

물살의 굽이마다
온 마음 희게 담아

내 그곳 씻어줘도
인사할 줄 모르는데

없으면
주검인 물을
목이 탈쯤
깨치네

우리에게 없으면 주검인 물도
흐름이 없다면 어찌 살아 있다 하랴.
시궁창이든 어디든 자기 길을 가고 있음은,
바다 깊은 용궁을 그리는 꿈이 있어서다.

보름달

구름의 다리 사이
둥글게 내비치는

허공의 사이마다
은빛의 살 냄새,

돌들도
싱그런 눈빛
사는 일상日常
빛낸다

허공 너머 저 하늘
쌓이는 사연 안고

처마끝에 내려와
가만히 들려줄 때,

품은 꿈
야망을 깨우는
둥근 얼굴
그를 보네

내 몸을 벗겨놓고
구석구석 바라보고 있는 둥근 달은,
정적인 듯하나 나의 야망을 분출시키는
역동성이 있는 꽉 찬 눈동자다.

나는 나로

살아본 날들에 힘든다 해도 해도
눈을 돌려 귀를 막아
대꾸하지 않는다

내 일들
지켜 낼 투지로
괴로움도
익힌다

땅 위에 산다는 것 기쁨만이 아님에
세상 얘기 내 얘기로

살아 볼
나날의 의욕에
내 길 찾아
내가 간다

땀샘이 마르고
살비듬 쏟아져도
야윈 다리로 고갯길 오르며

사람들
나를 무시해도
내 길 만을
뚫고 간다

연연連延한 매듭에서
태어난 한 사람

쉼 없이
가고 가는
나의 길 내 길에

오늘도
살며 생각하며
나는 나로
일어선다

사람이라면, 나답게 성실함에 있다.
일손을 놓는다면 사는 의미가 무엇이랴.
나는 나로 내 길을 회복시켜야 한다.

먼지

먼지를 일으키는
비포장길 버스에서
한 생명 일생이 먼지로 일어선다

누군가
잠시 왔다가
흔적 없이
가고 있네

숨기려도 보이는
비포장길 생명으로
부대끼다 가고 있는 세파의 발길이나

내 일생
왔다 가는 순리
지키려고
일어선다

물결이 만드는
순간의 거품처럼
바람 앞에 흩어지는 뭉클한 먼지로

생활의
한 편에 내역
보여주는
사람아

사람이 세상에 잠시 왔다가 흙으로 돌아감은
흡사 먼지의 일생과 같아 보인다.
비포장길 버스에서 일어나는 먼지가
불어 오는 바람에 그리 쉽게 사라지듯이…

일 2

해가 뜨고 다시 떠도
내 일을 하고 하여

나의 뜻을 이루려는
쉼 없는 손과 발길

이름을
닦고 닦아 내면
죽어서도
못 지울 것

세상에 기대어 일에 일 또 일에
일의 무게 짊어지고
쌓고 펼치고 또 일하여

업적이
묻히지 않게
죽어서도
살려는

말

바람에 풀잎처럼
하고픈 말 못 참아

잠시 생각 끝쯤에 입술 여는 어리석음,

내 말에
책임 못 가려
말에 죄를
짓는다

너의 본 말뜻은
여기서 어디쯤이냐
저기쯤 말하면
이쪽에 와서 있어

입 안의
말 속 말들은
길을 잃고
헤맨다

말 2

바람은 계절을 말하고
구름은 흐름 말하는데

물소리는 오늘도
속임 없는 말을 한다

날마다
거짓 없는 말
물소리로
살으리

통화

튀는 침방울로
송화기 떠난 말들

거두어 지울 수 없는
실언만 늘어 놓아

내 나를
힐책하는 말
어떤 말도
보탬 없네

짧은 생각 말이 되어
입술의 헛디딤

말에 말을 못 가린
통화는 끝이 나고

사람이
인품답지 못함
깨우쳐도
때는 늦네

통화 2

뇌의 명명明命 따라
말의 뜻을 다시 가려

짧아 단순한 진실마디
혀 끝에 맡기니

말에 말
삭힌 사념思念이
말에 뜻을
다스린다

말을 대식(大食)해도 배부르지 않지만,
한 번 말한 말은 경우에 따라 칼보다 무섭다.
우리 속내를 드나드는 따뜻한 말은,
가정을 밝히고 친지를 보호한다.

뱀

바위 틈 뱀花蛇 한 마리
혓소리로 뭐라던

살면서 살아가는
믿기는 몸짓이

도시의
한 친구보다
네가 더나
미덥다

소름 끼치는 뱀의 혀와 동태는
사기꾼의 혀보다 미덥다.
진정한 친구가 쉽지 않기 때문이다.
동창들까지도.

도래샘

산골 깊은 도래샘
솟구치는 삶의 의욕

덩달아 치솟는 여력
까치발로 숨 고르는

빈창자
소주 방울처럼
속 내 맑은
아! 싱둥

산 1

골짝이 흔들릴듯
산골의 물소리에

나무들은 키를 높혀
가지 하나 늘리는데

그 무슨
산들의 말에
초목들은
춤을 춘다

세월이 저만큼 가도
한 곳에만 앉아서

온 빛깔 거느리고
큰 뜻을 펼치는 산

산들의
하는 얘기를
어리석어
못 깨치네

산 2

연연한 인연으로
구비구비 연이은 산

산의 몸에서 태어난 숲들을 본다. 가파라 땀 흘리며 산이 하는 말은 늘 푸르름. 응달진 골짝에도 생피가 돌게 하려는, 산이 골짝 사이사이 해를 받쳐 놓지 못하는데, 기슭에 허락받은 물소리가 골짝이 쪼개질 듯 노래를 하면, 저 잎들은 키를 높이고 바위는 금이 하나 늘어난다. 산골은 또 무슨 말씀에 풀리는가? 구름을 데리고 사는 산들이 내게 뭐라고 말을 하지만

못깨친
어리석음에
산의 말을
못 듣네

백마강

백마강 팔을 벌려
삼 천 궁녀 넋을 안고

황산벌 떠도는 영혼
길 안내는 했는가

백제로
오는 세월에
피눈물로
흐르는 강

땀방울

둥그런 땀방울
얼마나 쏟아 내야

김이 서린 밥그릇
그 맛을 알거나

기어이
내 그릇 찾아
땀방울로
채우리

구름으로

허공이 떠들썩
구름들 뭐라 한다

짐들이 무거워
산등에 쉬려는데

바람이
등을 밀어내
나도 벌써
떠나네

세상을 못다 익힌
미현迷眩한 구름으로

바람에 밀리다가
나의 둘레 다시 돌아

허공을
밟고 떠나는
마지막은
어딘가

바람 따라 떠도는 주름진 구름도
우리 주변의 어딘가에 빗물로 이슬로
스미기도 하지만, 우리도 구름처럼
허공 여백에 스며가고 있어라.

산행

도시 하늘 벗어나
품을 잡는 산에 들면

산골의 맑은 바람
목청 높이는 물소리

노송은
그늘을 보내
내 다리를
주무른다

단풍 바람

북녘바람 달려 와
가지 끝에 앉아서

잎들의 눈물 핑 돌게 하여
붉게 붉게 울리더니

그 눈물
아름답다고
온 종일을
웃어대네

첫눈

자자로히 속삭이며
찾아오는 첫눈에

손 끝에 날개 달아
마음 열고 맞으려면

하얀 몸
더럽힐 수 없어
허공에 곧
스미나

올해도 기약하고
그대 올듯 내리건만

묘지 열고 손 흔들며
그 사람 왜 못 오나

첫눈을
그님이듯이
맞으려다
혼자이네

묘지

속마음 길을 닦아 쌓인 인품 어디 두고
어두운 땅 밑의 시간 멈춘 흙 속에

가고는
못 돌아올 곳
왜 그리 가서 있나요

돌 틈사이 한 줌 흙에 누구의 부름 있어
말문 닫고 도라 누워 높은 인품 사글리나

그 자리
무슨 인연에
흙 한 줌을 못 떠납니까

내려앉은 땅 거기쯤 살점마저 내어주며
몸에 닿은 흙을 깨워 풀뿌리 싹 틔우고

어디로
또 떠납니까
말라버린 눈물처럼

겨울 산

풀숲도 땅에 스러져
어느 분 만날 때

손 흔들며 지는 낙엽에
물어 볼 말이 있는데

나무가
대신 말하려
빈 가지로
일어선다

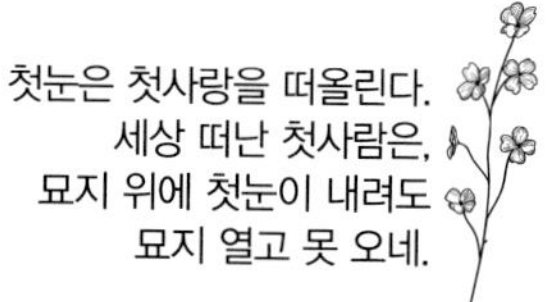

가장家長

갸우뚱한 집안 기둥
바로 세우는 힘겨움

가장의 큰 짐을
잠시 부려 쉬려면

내 짐은
벗을 수 없는
크나큰 짐
가장여라

밝게 사는 아이들과
눈길 한 번 맞추려면

와서 얹힌 짐보따리
벗어날 수 없어라

눈가에
깊어진 주름
묻어나는
삶의 띠

한 가정이 흔들리면 사회가 불안하다.
가정은 사회의 시작이기 때문이다.
가장은 집안의 기둥이자 나라의 주인이다.

부부 2

우리가 만남은
우연은 아니었네
학창 때 키운 꿈이 그대 만날 학업였네

날 위해
세상에 있어
사는 보람
여기네

한 이불 눕는 자리
깊숙한 포옹은
음과 양 필연의 이유만은 아니듯

무언의
언행 마디에
피어나는
한 마음

한 가정 부부 존속
나날의 대화 속에
내 모를 틈새마다 사념思念 닿는 여인아,

사내의
뜻을 받들어줘
마음빛이
푸르다

부부의 끈을 잡고 가정의 순리를 지키는 아내는
자식을 위해 살기도 하지만, 사회를 이끄는 수호자(守護者)다.
주부들은 가정을 지켜주는 여신이다.

사람 그림

주름의 고랑 따라 먼 길을 와 있네
밀려 쌓인 일손 끝 펼 수 없는 허리이나

언젠가
사람아는 그림
그려야 할
세상 얘기

누군가 또 오고갈 세상의 길목이다
햇볕이 바람데리고 바위를 으깨듯

내 시간
얼마나 저미고
깎아내야
땀이 돌까

못 돌아올 곳으로 가야하는 유전무상流轉無常이나,
남은 내 시간의 마지막 끈을 잡고

오늘쯤
내 맑은 하늘
그려두고
떠나리

아픔의 분출을 인간 본바탕에 회복시키는 사람은,
나이가 들수록 사람의 됨됨에서 완성으로 다가가는데,
한평생 쌓은 인품을 어찌 부려두고 빈손으로 돌아앉나.

자화상

학식의 타래를
연이어 풀어보면
어설픈 지식들로 구겨진 휴지 같다

나는 내
안에도 없고
바깥쪽도
보임 없다

현실보다 한 발 늦는
이론의 아집我執에
눈을 뜨고 번들대도 못 따르는 선현先賢들

더불어
사는 사회도
못 지키는
못난이

내가 나를 모르는 사회 속의 존재로
무릎꿇고 걸을 곳을
비로소 알아가니

내 안에
내가 보여 오며
핏줄 흐름
알겠네

사람은 배울 시기에 배워서 사람이 되어 간다.
60평생을 살아봐도 전공이 아닌 학과는 어린이와 다를 바 없다.
본인의 전공을 살려 사회에 적응한다 해도,
더불어 살아가는 사회 생활은 무덤까지 공부다.

은행나무

굽힘 없는 팔 다리
나만의 됨됨이로

흔들어 뽐내지 않는
깨끔함 뉘 모르랴

단아한
품성 지키는
그러함에
고고함

천 번의 해가 오가도
나다운 뿌리로

허공이 내 마당인
여름을 가두지 못해

다가온
서릿바람에
품위 잃는
노란 눈물

자잘한 병도 없는
나를 그리 울린 가을

흘리는 눈물이
개울물에 얼비치네

한 폭의
수채화라면
오는 겨울
막으련만….

우로도 좌로도 굽힘이 없이 미끈한 다리엔 벌레도 비껴간다.
가을이면 누런 옷으로 갈아 입는 밝고 고로한 신사다.

눈眼

눈길은 번개 같아도
내 코도 못보면서

변하지 않는 하늘 진리
어디쯤 볼거나

상대의
마음 빛깔도
못 가리는
눈길인데

시간이 날 딛고 가는
내 세월 나를 잃고도

내가 날 안다고 믿어
내 눈에 내가 속아

이제야
내 시간 짧어지고
입술 가에
침 마른다

흔적

흘러가는 구름처럼
소유하지 못하고

새들의 깃털처럼
날아가는 인간사

오늘을
쉬어 가기엔
너무 짧은
일생이다

가을 끝에서

끌어 안고 웃던 여름
떠나간 자리에

석양빛에 돌아 앉는
가지들 사이마다

뉘 불러
떠나는 낙엽
어디쯤에
버리나

갈색 바람 찾아와
가을 소식 전할 때

농익은 열매 달고
다리 휘는 감나무

울다가
지친 가지에
자리 펴고
앉는 겨울

나무들 잎에 누런 눈물 고인다.
단풍잎이 개울물을 맴돌며 떠나듯,
낙엽으로 지는 잎들에서 나 또한
세상 모서리로 밀려가는 듯싶어 허허롭다.

나룻배

바람만 왔다 가는
비탈진 강가에

나룻배 삭아 내려
달빛도 못 싣네

갈대가
바닥을 뚫고
손님으로
와서 앉네

잡초

산촌의 텃밭에
뿌리째 뽑힌 잡초가

땀이 고인 농부의
구릿빛 손등에

살 만한
터를 잡으려
온 뿌리로
달라붙네

옥토 아니어도 끈질기게 살아가는 잡초를 본다.
좋은 집안에 못 태어남을 탓하는 사람보다
얼마나 떳떳한 삶이랴.

일은 일로

하늘로 날아가는
내 시간들 가기 전에

흐름에 달관한
백발이 오기 전에

내 시간
일로 바꿔야지
시간밟고
달려야지

나이테 없는 태양에
늙지 않는 창공이나

갸웃 둥한 지구에는
내 시간 한정되어

할 일을
못 다한 나날
숨길차도
일어선다

물소리

산골이 그려내는
기슭을 따라서

바위 틈에 몸을 씻은
야무진 물줄기가

노래할
틈을 찾다가
내 안으로
흘러오네

흘러도 그 자리
채워지는 물소리

옷깃을 여미고
물살을 잡으려면

손바닥
넘치는 욕구
물길에 씻으라네

시간이 흐르고 나도 흐른다.
쉼 없이 노래 불러도 싫지 않은 물의 노래,
내 그릇에 넘치는 욕심은 버리라는 물소리다.

잔디

거친 땅 빈한 살림
자갈밭 탓도 없이

가슴 펼 날을 기려
유연히 굽힌 허리

머리에
내려 앉는 것
빗물만은
아니더라

북으로 굽은 등을
돌 틈에 기대고

허리 한 번 펴려면
실리는 삶의 무게

밟혀도
파래지는 끈기
온 세상이
푸르다

돌 틈사이 발을 뻗어야 하는 잔디의 고통,
거듭 일어서는 잔디의 끈기를 닮아
집안을 푸르게 물들이고 싶다.

변명

거짓과 참됨이
길을 맞비낄 때

이 길은 꽤나 꼬여
울퉁불퉁 뒤틀린다

성급한
성깔에 그만
넘어지고
변명한다

가야 할 길들을
몇 차례 살피라 함은

실수라는 한 마디
지워보기 위함인데

빗나간
말들을 잘한 듯
양 입술을
비벼댄다

골목의 한녘에서
세상사 볼라치면

둥근 듯 모가 난
크고 작은 고개지만

잘못을
잘한 것처럼
입걸음들
분분하다

사람의 존재로 어리석음을 모르고
무정형적인 변명 속에 살기도 한다.
선의의 거짓말은 아름다울 때가 있지만,
지울수록 좋은 것이 변명이다.

연꽃 1

와 주오 모두 와주오
미소 짓는 내 얼굴로

그대 번뇌 받아 안아
진흙 깊이 묻고 묻으리다

그대의
반김 있다면
지옥엔들
못 가리까

연꽃 2

봄 꽃들 지워지고
장미도 시들었는데

세상 근심 꽃잎에 안고
이슬로 씻어 낸다

천상의
맑은 심성을
목을 뽑아
밝힌다

아버지

아버지가 자식 얻는 건
쉬울지 몰라도
자식을 살피는 일 기나긴 공부더군

대대로
아버지가 아버지로
계신 말씀
못 따르네

울퉁불퉁 거친 길을
다듬어 준다고

사람됨의 깊은 사념
쌓아줌도 아니어서

골마다
잔잔한 물살
흐름만도
아니대나

지상의 순리 모르고 우주를 못 깨치듯
내 부모를 모르고 자식을 어찌 이끄리오

하늘 땅
깨침 없이는
자식답게
못 지키네

부모가 자식을 키우며 사람답게 이끄는 길은, 무덤까지 공부다.
부모 인생은 자식들에 의해 지나가 버리고 마는 건가.
부모에 부모의 귀뜸 없이는 부모답지 못하겠네.

주인 없는 묘지

우주의 이치 따라 흙으로 돌아 누워
찾아 줄 후손 끊겨 사 글린 봉분 앞에

메말라
황폐한 묘역
저승길은 어디인가

끊긴 혈육의 세월에
봉분에 굵은 밤나무

묘지의
묘역이
잡목들 터전이듯

사람들
보임없는지
그리 쉽게
돌아 서나

뼈마저 못다 삭힌 차가운 땅 거기쯤

큰 하늘로 가려고
불멸의 참 본성 불러

뼈들로
흙을 흔들어
우주 본체
창을 찾네

셋방살이

부억문도 제 짝 잃고
방문도 비틀려

마음도 찢겨나가
방안에 나풀대네

빈 손에
혼자 버티는
민주 바람
평등찮다

고갯길 구불구불
고시랑 소리는

속 마음 상처난
신음하는 나인데

땀 배인
속옷을 입고
다시 젖는
도시 살이

안개는 산이나 강이나 모두 가리어준다.
부자촌이나 빈촌이나 같게 한다.
자연의 능력은 어디까지일까?
허리띠 조이는 셋방살이는 어쩌지 못한다.

못 본 바람이

가는 곳 끝 모를
모양 없는 바람이

지나는 손끝으로 내 시간 훑고 간다

여기에
잠시 왔다가
보임 없이
어딜 가나

사람 아는 사람도 넘지 못할 바람 벽
못본 바람이 데려가는 거기쯤

누군가
뒤 따라 가서
흙이 되고 물이 되나

사람됨의 넋으로 한 평생 높인 인품

혼불 켜고 쌓은 학식
세상 아는 업적을

다 비운 스님들처럼
바람으로 가는가

시조 쓰기

가는 곳 끝 모를
쉼 없는 걸음에서

깊은 사연 감동 있을
시조 한 편 쓴다면

이승에
살아남을 이름
지워지지
않으리

한 마디에 절절할
함축미의 감동 찾아

손을 맞대고 밤을 새워
글 한줄 쓰려해도

가슴을
울릴 글줄은
온대 간대
빈 손이다

체험의 진실성에
경이로운 미 더듬으면

잡스런 사유들이
내 소우주를 흔들어

진실된
미적인 한마디
어디에서
만날거나

암

서산에 지는 해
겨울이 다가오고

영혼을 앗아가는
허락 없는 인간사

가지에
쌓인 눈처럼
쉽게 떠날
사람 본다

어딘가 데려가려
휘청이는 걸음같은

가고는 못 돌아올
인생은 무엇인가요

신에겐
중요찮은 시간
잡아두고
싶어라

텃밭에서

빗물 줄듯한 저 비구름
거짓말에 불신스럼

텃밭 매다 흘린 땀이
빗물인양 흠흠하는

채소들
내 손을 잡고
발까지
당겨간다

호숫가에서

바람의 깊이만큼
파장波長이 이는 호숫가
둘이는 하나 되려 마음의 문 두드린다

손 잡아
튀는 핏줄을
나누며
걷는다

남녀의 마음이
하나 되긴 오묘奧妙한데
둘이는 혼자처럼 서로 끌어 안는다

저 달은
둘만을 위해
한 빛살만
내려준 듯

사는 의미 일깨우는
천상의 묘미가
쿵쿵 뛰는 심장을 전율케 하는데

얼굴은
뜨거워지고
아랫도리
뭐라 한다

호숫가 한편에서 젊은 남녀가 이마를 맞대고 뭐라 한다.
손과 손에서 심장으로 흐르는 짜릿함,
천상의 감정에서 아름다운 세상을 보게 한다.

폭포 1

핏물이 어리도록
목청 돋아 솟구쳐

때묻어 더럽혀진 세상을 콸콸 씻어 맑은 세상 이루는. 자세 흩으리지 않고 곧추 앉아서 골짝이 깨질 듯한 직설적인 말로 마침내 심산 유곡을 평정하면, 계곡물은 또 무슨 말씀에 풀리나. 한 생명 뼈 속까지 바치는 일에서 무엇으로 남고 싶은 커다란 몸부림에 허공의 어느 분 만나려 구비구비 물안개로 날개를 편다

키 높은
저 산도 일어나
춤을 추는
세상 본다

폭포 2

골짝을 들었다 놓을
힘이 좋은 저 소리에

계곡의 물살은
기쁨에 노래하고

바위는
탄성소리로
금이 하나
더는다

골짝이 쪼개질 듯
그러한 산울림에

산골이 일어나
폭포를 말하고

물살은
무슨 흥겨움에
물소리로
노래한다

하현달

말 없는 말로 떠나면서
진실한 말만하는

새벽달 휘인 허리쯤
하얀 마음 채우려니

하현달
나이 두께만큼
지어온 죄
못 싣네

주인 없는 하늘에
떨고 있는 저 달이

휜 허리에 날 싣고
어디로 데려가나

오동잎
지는 저 소리를
못들어도
좋으련만

단풍

가을은 이번에도
올 곳까지 왔다 간다

지새는 단풍의 눈물
못다한 통곡소리

떠나갈
저 단풍잎들
아는 만큼
산도 운다

잊히지 않는 그만큼
내 눈길 뺏어놓고

노랗고 붉은 눈물로
밤을 새는 울음소리

그 울음
눈물도 없을
더 깊이를
보여준다

까치 발자국

너절한 땅 덮어준 눈
빈 가지에 눈꽃좀 봐

대문 앞 까치 발자국
살아가는 시련인 것을

햇볕이
보고 가더니
흔적 없이
지우네

주인 없는 묘

혈육이 끊긴 세월
사그라진 묘역에

잡초들 터전이듯
봉분엔 잡목들

묘지의
저승길 몰라라
가는 곳이
여기까진가

땅속 유골 휘감는
뿌리들 몸부림에

뒤채는 유골은
잡뿌리들 헤집고

우주의
본체 틈새로
승천코 픈
또 하루

초가草家집

두껍다란 황토벽에
도톰한 초가 지붕

산기슭 농가들은
적막속에 평온이어라

어머니
품속같은 곳
포동스런
이 정감

산촌에 눈 쌓이면
초가의 고요로움

농부 가족 모여앉아
하늘 닿은 웃음소리

농촌의
사람 냄새가
서까래에
묻어 난다

밤이 밝아라

하늘이 나에게
그대를 보내주어

긴 밤의 사이마다
한 몸으로 받아안는

밤마다
밤의 소리에
아, 까만 밤
밝아라

느티나무

연 년의 한 자리에
살팍지게 곧추 서서

내안의 조상님처럼 온근溫謹한 느티나무

시계視界 밖
안 가춘 꽃이어도
허공 채운
저 녹빛

도짓밭 곡식에 생피 토해 키우는 농부

일에 일 손길 멈추고
나무밑에 쉬노라면

한 나무
그늘 왕신王神이
서늘 바람 보내온다

둥덩산 같은 몸매에 허벅지 닮은 가지 펴고

온 몸에 옹이가 짐은
일을 하는 흔적임에

저 나무
두루춘풍 맡은
일을 위해
일에 살란다

면벽

지붕의 너비만큼
우주 본체 쌓였는데

효심이 부족하여
부모님 보임 없나

참 마음
길을 잃고 있어
그 뜻을
모름인가

방 벽에 쌓여있는
부모 말씀 깨치려고

스르르 눈을 감고
벽 속 말에 귀를 열면

언젠가
벽이 걸어나와
등 다독일
그 날은

길

밟고 왔던 길 돌아보면
세상 길 절벽였네

빙빙 돌아
여기인데
다시돌아
걷다가

이승의
절벽을 올라봐도
말 문 닫은
세상이야

스치는 눈길마다
열지 않는 마음들

알아볼 눈빛 그리워
그림자도 운다

내 길에
막힘 있어도
내가 뚫고
가야할 길

낙엽

북녘의 찬 바람
잎새들 툭 밀치어

눈물로 막지 못해
허공에 스러지는데

저 해는
내가 미워서
겨울 바람
보낸건가

수고로운 짐 부리고
물살 따라 어딜 가나

거짓 없는 강물에
다시 살아 보려는가

흐름의
끝 간데쯤에
헤진 잎이
걸린다

그리고 초겨울

찾아온 찬 바람에
감들이 붉어지고

기러기 떼 날아올라
낙엽 지고 눈이 오니

가지에
길게 앉는 겨울

맨살들이
걸리오

가뭄

단색 하늘 목마름
푸른 맛의 빗물 갈구

목쉰 음성 가누어
빗물 구름 불러대도

비구름
가고 없으니
온 도랑물
마시고 싶다

땅 밑까지 가뭄에
뿌리가 숨 막혀도

뼈대의 끈기로
눈을 뜨고 버티어

내일쯤
빗줄기 받아
앞길은
이제부터야

해

하늘 한 곳에만
눈알만큼 큰 키로 서서

지구의 동 식물들
살펴 주지 아니하고

온 지상
못다 지키는
그대는
살생자다

노인은

꼬치꼬치 마른 피부
추하다 할건가

삶의 터전 깊은 골을
경험하신 노년인데

노인은
남은 여생에
물이오른
제2인생

마른 살갗 노인 보고
냄새 겹다 하는가

먼 길을 돌아서
살아 온 흔적인데

노년은
헛것이 아닌
집안 일들
설계잔데

코스모스

낭창한 몸매로
꽃잎에 이슬 받아

나만을 기다린듯
흔들 한들 반겨주어

내마음
나비가 되어
온꽃잎에
머무오

풍경소리

날 혹시 만나거든
바른 말을 하리다

쇄 속의 아픔에서
참 말만 하리다

마음을
비워서 바른
깨끔한
소리라오

책 읽기

입 다문 서재에서
스르르 눈을 뜬다

번지는 고요속에
내 숨소리 묻어날 뿐

말 없는
책들의 진리
글자들이
뭐라한다

서재에 줄 서 앉아
방을 채운 진리책들

그 책들이 걸어나와
내 등을 다독인다

지식은
책속에 있으니
읽고 쓰고
또 읽으라네

고향길

물 맑은 둑방길
물소리 뭐라 하고

산기슭 돌아가면
산새들 노래하는 곳

뒷 동산
손 발이 없어도
내게 와서
반긴다

함박눈

간밤에 눈이 쌓여
그 사람 정녕 올가

쌓인 눈을 녹일 듯
문틈에 빛나는 눈빛

연이어
바라 보노라면
덮인 눈이
녹을 거야

내 어머니

고추밭에 앉아 쉬는
구름 한 조각밑에

일 손을 멈추고 숨길 돌리는 어머니

호미에
붙어살려는 잡초
풀과 싸움
일생입니다

농가 흙과 대화 속에 어머니의 삶에서

닳고 헐은 손가락 사이
해는 서산에 기웁니다

창문에
초승달 걸고
자식 위해
손 모으시네

영원보다 영원의
저 하늘 밑에서

양철집 문으로 오는 어머니의 신명身命은

천정에
배어 계시는
조상 말씀
“일”입니다

어머니

뼈로도 삭지 못한
고향땅 밑 어머님

하늘은 어머니 끈을
쉼 없이 당겨 줍니다

내 이생
타향에까지
와서 계신
어머니

부엌을 스치는 바람
어머니 숨길입니다

지붕끝에 이슬방울
자식 걱정 눈물입니다

문설주
넘어오는 빛살
어머니
체온입니다

어머니 2

처마끝 오가는 바람
늘 이별만 하지만

저 바람속엔 어머니
목소리 계십니다

한 평생
자식들 살피신
내 마음에
어머님

고단하고 지칠 때
어머니 그리고 고향

고향땅 밑 못 찾아뵈도
내게 와서 계신 어머니

이제야
묘지를 찾아
발걸음을
재촉합니다

어머니 3

도톰한 곡선의 미학
포근한 젖줄의 신비

날, 세상에 있게 하여
깨쳐주신 사람됨

부모가
된 나이에서

불효의 죄
깨치오

파고드는 가난을
손길로 감싼 어머니

뵙고 픈 눈물이 안으로 흐릅니다

부엌에
불고 가는 바람
어머니
숨길입니다

어머니 4

속 옷의 젖가슴에
기를 받은 내 존재

세상이 아름다워
나날이 활기찹니다

사는 건
탯줄의 힘이요
죽는 건
땀 남기는 것

돌아가신 땅 속의 저 안쪽에서도
내 불효를 용서로 펴 올리시는
어머니의 모습이 보인다.
부모의 빈 자리를 누가 대신하랴.

시인은

누구도 못 빼앗을
학식과 체험 엮어

시간과 공간에
글자 심는 경작자,

한 시인
사람으로의
시심詩心밭을
일군다

가고 있는 시인의 길
죽어서 살아난다면

이슬처럼 왔다 가는
화폐貨幣 좇아 뭣하랴

가는 곳
흙이 아니라
사람다운
시詩가 되리

시를 쓰는 것은 숨을 쉬기 위함인데,
영혼에 닿을 시를 썼다면
숨이 끊겨도 살아날 것이다.
시조 한 편을 얻기 위해
끈질기게 자신을 긁어 댄다.

개나리

지난 얘기 묻어두고
몇 날의 그날 가려

만개한 얼굴을
가지가 받쳤는데

그 누가
금빛을 삼켰는가
잠시 벙근
한나절

백발이

길 없는 길을 달려
찾아 온 백발 어쩌나

젊었을 때 여자나
더 깊이 알아둘 걸

계절은
내 피를 먹고 살아
쪼그라진
내 살갗들

오후로 가는 해는
아침 오면 젊은데

계절은 내 나일 먹고
늘 오고 가는데

백발이
내게로 와서
그리 빨리
자릴 잡네

휴전선 철마

구멍난 철마의
총탄의 자국들을

들고 나는 멧새가
피 멍울진 기억 불러낸다

그 누가
아랫도리 불 지펴
남 북 땅을
달릴거나

잡목들 사이 철길 찾아
달려 볼 그날 기려

쇄가 쇠로 부서지는
철마의 깊은 적요

남 북이
손에 손을 잡아
그 언제나
달릴거나

이슬

이슬 방울 하나가
풀뿌리에 떨어져

타는 목을 축여주고
흙으로 돌아가네

세상을
살아본 이슬
빈 손으로
어딜 갈까

한 방울 맺기위해
돌고 돌아 일 하다가

비워서 채우려는
가슴 부푼 이슬인데

할 일에
길을 찾다가
흘러 내린
내 눈물

눈물

동그라미 못 그린
눈물줄기 하나가

속눈썹에 마르고
바람에 날려가도

눈물은
지워지지 않고
거짓 찾아
밀어낸다

됨됨이

바다가 그리 깊어도
땅 위에 있고

저 산이 높다해도
창공의 아랜데

배움이
어디쯤 높다고
남을 밑에
보려는가

살생

담장 밑 여린 단풍
베어내고 말았네

잘라낸 나무에
죄 의식을 못 벗어

뇌에는
살생의 죄로
내가 나를
괴롭히네

독수리

세상에서 그냥은
그 무엇도 못 얻는데

날개펴고 차지한 하늘
네가 나이고 싶다

하늘에
날품파릴 해도
날개 붙여
날고 싶다

바램의 일상들
이루려는 나날에

온 하늘을 차지하고
날개 편 너를 보면

허공이
나의 것처럼
네가 나로
날고 싶다

동백

철마다
싱둥한 맥박
곧은 심성 지니고

붉은 얼굴 내밀면
웬 빛살이 툭 밀친다

사계절
푸른 뼈대로
아! 살 냄새
숨소리

바람이

스치는 저 바람에
그대 음성 배인 듯

돌아서서 반기려니
저 바람 간데 없네

불고 간
저 바람들이
그녀를
숨긴거야

내 몸을 밟고 가는
바람들 끝쯤을

다시 한 번 바라보니
백발이 와 있다

저바람
마지막 잎새의
등도 밀쳐
버리네

참새와 둥지

전신주 윗 구멍에
둥지 트는 참새 부부

사는 방법 변형으로
편견을 밀어내도

빗방울
둥지에 쏟아져
숨 막히는
이 떨림

덕이란

진리는 가까이 있어도
진실한 목소리 있을까

남의 허물 탓 않고
얕은 생각 감싸주면

나에게
뭔가가 다가와서
슬금슬금
쌓이네

고목

아픔을 다 끝내고
긴 잠에 들었는가

건들면 다시 깨어
한 마디 할 듯한데

어딘가
빈 손으로 또 난
마른 눈물
거두오

내 아내

눈 뜨면 곁에 있어
불러도 다시 좋은

미소에 뜻을 담은
속 깊은 생각에서

그리도
나만 바라보는
다시 없을
사람아

변변찮은 이 몸을
믿어주고 따라주어

손마디 굵어지도록
혼신 다해 지킨 가정

세상을
온통 뒤져봐도
다시 없을
내 당신

기다림

오지 않는 기다림
눈물 없는 눈물을

가슴에 묻어두고
울고 나면 뭣하나

눈가에
매달린 수심
어둠에도
밝아라

기다림 2

가 없는 하늘에
굽은 달도 혼자이고

길 없는 강물 따라
물새도 홀로인데

그녀가
와 주지 않음은
저 구름이
숨긴건가

내 인생은

내것 안될 물욕 찾아
세상을 헤매다가

내 시간들 다 썼다해도
죽지 않을 길 찾노라

죽어서
살아 남을 업적
그 길찾아
닦겠노라

세월이 밟고 가는
주름 느는 살갗이나

나 아니면 안 되는
글 쓰는 나를 만나

채우고
흐르는 강물처럼
죽어서도
살 길 찾네

뒤를 보니

내 몸의 주름들
고랑을 따라서

길을 물어 갔더니
더듬어 왔더니

내 잠시
머무는 여기가
거기인 듯
싶어라

허리가 휘도록
먼 길을 돌고 돌아

없으면 없는대로
나이만큼 살았건만

내 업적
남은 곳 없어
죽어서는
어쩌랴

사람이 태어날 때,
세상을 모르고 사회에 왔음이 얼마나 고통인가.
대학 공부까지의 젊음을 보내고,
사회 생활에 적응하다 보니 중년기다.
잠시 머무는 가정이 허리 펴는 낙원이네.

종소리

물줄기도 물소리로
숨을 쉬는 산방에서
나를 반겨 찾아주는 산사山寺의 종소리

안개를
밟고 떠나는
소리 끝은
어딘가

조그마한 내 우주에 밖에서 안쪽으로
멈춤 없이 오고 있는
울림의 끝이여

오는 길
그리 쉽잖아
숲에 땀을
쏟는가

조약돌

가고 있는 물살에
부대끼는 돌들이
허리를 못 펴고 닳아지는 살들이나

돌다운
품성을 지켜
세상 흐름
깨친다

물살들 뭐라 하여
쉼 없이 말 걸어도
물줄기 입에 물고 줄 것은 내어주며

돌로의
탓도 없는 유업
나는 나로
버틴다

강강한 심성을
지켜내는 넋으로
돌은 돌로 돌아앉아 눈길을 번뜩이어

사는 길
강물과 타협하며
더듬더듬
익힌다

물살에 몸이 깎이는 아픔을 겪는 조약돌도
강둑으로 나가 한 걱정을 덜고 싶으나,
지금의 환경에 순응하며 꿋꿋이 살아간다.
어려움과 괴로움 없이 세상을 왔다 가는 이 뉘 있으랴.

배추를 본다

낙엽 사이 너를 보면
녹진한 봄날인 듯

팔팔한 여력이
네 몸에 배어난다

젊음이
내게로 와서
가는 가을
이 싱둥함

풀잎들은 핏줄 말라
이 가을을 떠나는데

누구의 부름으로
북녘바람 밟고 와서

냉기찬
이슬을 받아
푸른 세상
물들이나

가는 길

가는 길 쉬 가려고
지름길 찾다가

갈림길 그런 길을
돌아서도 가다가

주름의
고랑을 따라
먼 길을
와 있네

가는 길 미로를
몫이대로 가다가

삿대질 해대며
머리칼도 뽑히다가

언젠가
사람 아는 그림
그려야 할
사람 얘기

새소리 물소리 그리워
산을 넘고 강기슭을 돌다가
젊음을 놓쳐 버리어 해는 서산에 기우네.

초겨울

풀숲도 땅에 스러져
어느 분 만날 때

손 흔들며 지는 낙엽에
물어볼 말이 있는데

나무가
대신 말하러
빈 가지로
일어선다

농부

도시에서 외진 곳
흙에 진실 지니고

흙을 닮은 농부로
논에 살다 밭에 눕는

농부의
고운 심성이
농촌 딛고
도시 닿네

농부 2

농삿일 그리 벅차
농촌 문턱 넘으려면

맑은 눈빛 벼들이
발목을 잡아당겨

농부는
한 농부임을
벼들까지
일깨운다

갈대꽃 피어나면
벼가 익는다 했던가

기둥이 한참 쏠린
농가에 이르러

밥그릇
비우기도 전에
할 일들이
키 넘는다

농부의 쉼 없는 일손에 벼들도 잘 자라준다.
문명은 별로 새롭지 않을 농촌에서,
흙을 끌어 안고 사는 농부가
죄를 덜 짓고 사는 사람이다.

농부 3

토담집 텃밭에
곡선 긋는 괭이소리

물집 손 피멍 뽑아
밭고랑 다독인다

농부의
구릿빛 얼굴에
흙냄새가
배어난다

산기슭 쿵쿵 울리는
저 괭이질 소리에

흐르던 땀을 쓰윽
문질러 닦아낼 때

괭이 끝
닳아진 윤기에
씨앗들은
빛살 줍네

농부는 흙을 닮은 듯 단순하고 거짓이 없다.
일하지 않고 공짜로 돌아오는 것은
그 무엇도 없다는 농부다.
마음을 닫고 살아가는 도시인과는 다르다.

봄비

사쁜한 발소리에
소곤거리는 대지 뒤안

새색시 발소릴
용케도 알아본다

토질에
산발한 뿌리
잔병들을
털어낸다

가진 것 빼앗던
삼동三冬의 혹한은 가고

흙을 밟는 저 소리에
편편히 숨길 펴는

나 또한
봄비 기리는
한 나무의
뿌리된다

새색시 발소리 같은 봄비,
세상을 푸르게 열어주는 고요 속의 태동 소리다.
나 또한 한 나무 뿌리로 봄비를 맞는다.

풀

식구들 땅 밑에 두고
제 몸 깊이 스민 냉기

찬바람 지니고
그에게 평온은 없다

가족들
알게모르게
발끝까지
시리겠네

풀 2

지구의 심장에서
생피를 마시는 뿌리로

욕심껏 봄하늘 맞아놓고 얼굴 비벼대며 살찐 땀조차 흘리면, 흙이 웃는 것같은 싹들의 노래. 바람이 풀잎 문을 열고 닫아도 살길 터 주는 빛살에는 풀잎 마디마다 곧게 살아가는 푸르름. 두 계절 후쯤엔 얼굴 감춘 바람에 밀려 떠나고 없으련만, 세상에 와서 진 빚과 죄들이 몸체보다 무거워 한쪽 어깨는 이미 땅에 묻히고 온갖 근심을 사르는 풀이 된다. 하늘이 쳐 놓은 그물을 벗어날 수 없는 생의 한계에서, 한나절이 영원으로 이어 질듯이 입을 벌린 욕망으로 살아 왔음에

내 나의
헛것인 몸을
버려야 할
시점이다

은행나무 2

한 자리 곧추서서
키를 높혀 반깁니다

심장 모양 정을 맺고
노오란 눈물 바칩니다

이 가을
오실줄 알고
단장한 몸
바칩니다

농가 일기

몸 낮추고 허리 굽혀
말하는 저 개울물

토담집 연기 흔들고
문 밖에 선 바람

조상이
놓고 떠나신
산촌의
고운 인심

장닭이 새벽을 깨운다.
굴뚝에 새벽 연기 피어 오르고,
돌아오는 물줄기 따라 햇살이 문 밖에서 반긴다.
농가에 배인 고운 인심, 발길 편하다.

귀향

고향으로 가리
흙에서 살으리

처마 끝 텃밭 일궈
열매 익으면 나눠 먹고

물소리
거짓 없는 곳
욕심을 씻어내리

고향의 하늘 밑
눈에 익은 산골에

풀벌레 울음소리
산새들 노래 따라

산천의
물 흐르는 대로
흘러 흘러
살으리

사람은

내가 있어 세상 있음에
누군들 고생 없으랴

깐깐한 바람 앞에
연기 같은 발길이나

바람만
발 짚고 다니는
고목枯木일 순
없는 나!

고향에서

숨길 맑은 둑방길
물소리 혼자 노래하고
산기슭 바람따라
새들이 뭐라하는 곳

고향은
손 발이 없어도
내게 와서
반긴다

헤어졌던 친구들
돌아오지 않아도
산촌의 논 밭에
곡식 키워 걷우는

농촌의
하늘 밑에는
빈 지갑도
가볍잖다

실언

한 마디 혓 디딤
입술 떠난 말들을

이제는 지울 수 없음
뒤늦게 깨쳐도

내 나를
비하 하는 말
그리 오래
머문다

뚝방길

뚝방길 거닐면
물소리 혼자 노래한다

적막이 차올라
빈 가지에 배일 때

나뭇잎
지는 저 소리
내 가슴으로
낙엽진다

산기슭 나무 그림자
석양빛에 몸 맡기면

끝 가는 뚝방길을
산그늘이 지우는데

이 생명
가는 날까지
시조 한편
쓰려 왔다

갈림길

내 길을 못다 익혀
갈림길에 물으니

양 길을 가로 막고
고행길로 가라네

어디쯤
내 길을 되돌아야
갈림길이
또렷하랴

행주산성

조상의 손길이
흔적으로 남은 성벽

적막 배인 돌틈 사이
자라 온 이끼 위로

풀잎을
깨우는 바람
선조님들
발길인가

가신님 목숨 바쳐
싸워 지킨 돌벽 위로

흰 나비 선을 긋고
행주산성 넘는 뜻은

후손에
문안 주시는
한 장 엽서
소식인가

송국리 취락지

취락지 움막에
청동의 칼 일어서고

돌창에 꽂처 나온
앞 냇가 물고기

송국리
선사의 모닥불
부여의
깃발이다

시인은 2

빈한한 살림에
시조 쓰기 身命으로 알고

쓰리D 시대에도
시조 한 편 찾는다

막혀도
다시 일어나
나날이
뚫고 간다

언젠가 떠날 몸에
바람이 등을 민다

감동의 시조 한 편 쓴다면
지옥엔들 어떠랴

한 이름
지워지지 않고
죽어서
살 것을

시조時調 쓰기(Ⅰ)

심금心琴 울릴 숨은 뜻
말에 말 찾으려고

내 안의 문맥文脈들
마음 세워 찾는다

무릎 칠
글줄은 간 데 없고
된소리만
길어라

살아 본 체험 속
긴장이 절절할

한 줄의 시조 위해
속아림의 주름살

언제나
글날이 빛나
거기마다
감동이랴

시의 본질은 역사라는 시간을 앞질러
바람직한 미래를 앞당겨 실현시킬 수 있는
예언의 빛이 되어야 한다는 말도 있다.
세상과 사물에 대한 존재론적인 시인은
날카로운 감성으로 한 단면을 도려내는 예지가 그것이다.
생활은 벅차도 시조 쓰는 글자로 마음 부르다.

시조時調 쓰기(Ⅱ)

그래도 지울 수 없는
한 마디 시조時調 안고

그을린 옹이 가슴
닦아내는 적나라함,

마른 피
가슴을 열고
말을 깁는
속 앓이

시조 장르도 가슴을 울리는 감동이 있다.
출산의 고통 같은 피 말리는
고뇌를 겪어야 하는 시조 쓰기!
입술이 탄다.

시조 시인時調 詩人으로

산고産苦의 나날을 겪으신 어머니,
내게는 시조時調밭에 글자꽃 피우랍니까

글 쓰라
신명身命받은 나
피 말리는
임신 중

심신의 혼이 담긴 내면을 비추려고
마음에 불 밝히어 사념思念을 태워도

나답게
겪어본 나날
바로 낳아
못 키우네

긴장이 절절할
한 줄의 함축미含蓄美,

말에 말 깊은 운율韻律 잡힐 듯 가버리어

긴밀한
유기적有機的 관계
그 통일은
언젠가

더 깊이 내재內在된 충격적인 체험을
공감할 감동感動으로 무릎 칠 그 날 기려

밀도密度의
내면 성찰省察을
세상 앞에
보였으면

쓰지 않고는 못 배길 무릎 칠 내용과,
가슴 찡 울릴 주제로 점 하나 찍는 언어 너머의 미.
나의 태몽으로 어머니는 파란 하늘과 은하수를 보셨다 한다.
하늘같이 맑은 시인의 길이 아닐까 싶다.

장마

못내 풀린 빗줄기
꽃잎에 달라붙어

헤집는 시린 속 내
알몸으로 튕겨내는

파르르
온기 몇 가닥
땅 밑에서
건진다

들쑤시는 뼈마디에
빗물로의 몽니스럼

버티는 힘 챙기려고
가늘한 눈 부릅 떠

몇 날쯤
빗방울 털어 내면
빛살 여기
닿겠지

장마 2

꽉 채우는 빗줄기
연이어 달라붙어

마당 옆 봉선화
두 손을 모두는 이

빗줄에
얼굴 수그리어
벌 나비는
언제 보나

장마 3

쉼없는 빗방울 수다
잃어버린 저 하늘

날 새운 물벼락 천하
튕겨내는 풀잎들

개천가
목이 잠긴 꽃을
물살들이
밟아 댄다

사랑

세상에 태어나서 살아만 오다가
심장이 그려내는 애모가 더 깊어
말없이
말을 하는 것
사랑으로
오고 있네

공허를 다 태워도 끓는 피로 남아
떨어져 보이지 않아 하루가 길어지는
삼켰던
침이 굳어져
목이 타는
사랑 줄

떠남을 염려하여 애타는 눈빛으로
잊히지 않는 그만큼 내 안에 새겨 놓고
웃음도
눈물도 없을
더 깊이가
보여 온다

서울에서

서울의 끈을 잡고
또 하루 시작에서

매연은 가로수 잎에
검은 침을 뱉는다

오가는
사람들마다
마음의 문
닫히네

서울 공기 무거워 숨길 가쁜 날들에
숨 쉬는 사이마다 공짜 없는 도시 바람,

물질의
맥이 흐르는
큰 빌딩만
다른가

도시의 하늘따라
거기마다 사람 공해

굳게 다문 입술에
마음 닫힌 걸음들

여름날
구름도 없는데
무척이나
추워라

도시는 자동차 공해, 사람 공해, 빌딩 공해다.
언제나 땀을 다시 흘리며 살아가는 서민들은,
신발의 뒤축이 닳고 달아야 도시에서 버틴다.

만남

만남이 아름다워
마음 따뜻한 오늘

손 잡아 얼굴 비비며
가슴 열고 하나 된다

어깨 짐
잠시 부리고
허리 펴며
웃는다

가야 할 고빗길
우리 함께 걸으며

상처 나는 구멍은
손길 보태 막아두고

만남을
악보로 정하고
웃음소린
성악가 된다

누군가를 만남에 따라
행불행이 교차되기도 하지만,
삶에 상처가 난 구멍을 함께 틀어막는 길이
화합과 창조의 순간이다.

갈대

제 자리 잡으려고
긴 목 휘들리는

잎들의 마른 눈물
목줄기 타 내리어

온 종일
목 쉰 음성으로
무슨 말을
하려한다

산다는 것은 울고 웃고 기쁨만이 아닌듯

귀 열고 다시 들으면
남 모를 울음인 것을

할 말이
그리 많아서
바람소릴
못 듣는다

샛강으로

골짝과 기슭은
거기 두고 내려와

노래하는 싱그럼
사는 소리 저 소리

샛강에
잠시 오는 듯
그리 벌써
가는 물살

막힌 세상 뚫으며
갈 길 바쁜 물줄기

내 그곳 씻어주는
물들의 말에 말은

용궁의
안쪽을 꿈꾸며
궂은 곳도
버틴다네

샛강의 흐름은 흡사 내 혈맥 같다.
우리 생명줄인 물줄기가 강으로 흐름이 아니라
나의 속내를 드나든다.

어떤 하루

삶과 죽음 자연 조각
옹이 박힌 장장 시련

저 하늘 둥지에
큰 사람 만나보려

내 그릇
맑게 비우고
하늘 빛을
담는다

새벽

산등이 밝아오고
강가에 안개 일면

새들이 햇살 물고와
창문을 두드린다

잠자리
박차고 일어날 때
줄을 서는
일감들

호수

허리 휘인 기슭에
자리 펴고 앉은 호수

평온 지켜 사는 일
할 말인들 없을가만

누군가
찾아 주련지
설레이는 저 눈 빛

몸을 던진 달빛에
팔을 벌려 반기며

수시로 오는 계절
마음 씀씀 변함없는

넉넉한
어머니 품 같아
저 구름도
놀다 가네

나는

계절이 그려내는
하나의 꽃이 아니다

잠이 들 듯 시드는
그런 풀꽃 아니다

살아본
나이만큼을
그려야 할
자화상

죽어서 없음 아니라
살아나는 넋이고저

쌓아온 됨됨에서
완성으로 다가가는

노년기
영혼이 깊을
속찬 인품
쌓는 것

서울 하늘 스쳐와 노년기네.
어느 자리에서나 필요한 사람이 되려고
덕망과 후한 인품을 쌓으려나.
사람의 그릇은 바꿀 수 없어 늘 부족하네.

큰 길을 찾아서

땅의 바른 길에
하늘 말씀 침묵인데

내 안의 나를 깨워
길에서 길을 찾는

성현들
발자국 크기를
헤아리며
걷는다

사람이 사람다워
입 다문 그를 찾아

심신 깊은 사람이려
현인 잡고 일어선다

발 끝에
바람 일도록
성현 큰 길
찾아 간다

산방에서

반짝이는 도시 문화
벗어난 산촌에

낙엽 지고 기러기 날아
소나무에 눈 쌓이니

깊은 산
자연스런 순리
바람 맑아
숨길 편타

산기슭 맑은 물
그리고는 산골에

홀로 지새는 산방에
찾아주는 이 없어도

눈송이
와 주는 곳에
그들이
손님일래

의심

보고도 못 믿을 것
떠도는 구름인데

보이지 않아 못 믿을 것
왔다 가는 바람이다

내 우주
걷는 이치에
구름 바람
겪어야지

바위에 앉아

삿대질의 각박한
도시 하늘 벗어나

다툼 없는 산등에
여여로운 행동 평화

바위도
반김 있는지
바람 따라
노래한다

산새들 울음소리
만 갈래 번지고
골짝을 흔들어
말을 거는 물소리

바위도
아픔 있는지
실금 사이
상처야

한강

지치고 멍이 든
서울 시민 다독이며

어머니 품이 되어
젖을 물리는 한강

서민들
는질한 일들
西海 멀리
부린다

세파에 시달려
맑은 숨결 잃어도

태고의 핏줄
이어받은
대한의 물줄기로

한강은
한국의 심장
맞아주는
어머니

배움

금가지 아니라도
실한 열매 맺고저

대학 강의 학식을
일깨우는 날들에

내일의
꿈으로 학업
하루를 또
잃는다

늙지 않고 서 있는
학교 진리 깨치려고

날개 달린 시간에
내 날개를 달아

밟혀도
파란 잔디처럼
학식의 싹
틔우네

학생다운 존재로 키우는 학교,
고학생은 생업까지 맡아야 한다.
늘 파랗게 살아나는 잔디 같은 학생이고자
내 시간을 잡으려고 날개를 단다.

부부 3

깊고 지순한 사랑 2년이면 빛을 잃어도
내 가정 움직이는 것 사랑과 경제이나

한 가정
부부의 인연
음과 양의
자연스럼

지난 날 깊은 사랑 기억을 떠 올리며
너그러운 포용으로 가정 평화 연이음

성격도
닮아가는 부부
하나 되는
두 마음

지친 내게 위로 말에 삶은 다시 시작되고
마주보고 앉으면 편하고 위안되는

부부의
하나 됨은 아!
믿음 관심
으뜸이다

성묘

땅 밑의 유골에
못다 한 효 담아

숨소리 걸러내어
함께 하듯 닿는 천심

혼자서
못다 닦아 온
우주의 창
함께 닦는

산골물

골 깊은 산골에
길을 닦는 물살이

돌아오지 못할 곳을
왜 그리 가야 하나

누군가
잡아줌 없어
못 멈추는
걸음인가

산이 높아 더 높아
깊은 기슭 거기쯤

내가 개울에 준 것
아무것도 없는데

물소리
흰 음성으로
나를 위해
달려오네

산이 높아 깊은 물소리 흐름이 없다면
살아 있다 못할 것이다.
내가 물줄기에 준 것은 아무것도 없는데
내게로 달려와서 생명수로 바친다.

하루살이

단 하루 목숨으로
뼈대의 이어내림

왔다 가는 흔적을
남기려는 날개 짓

오늘의
헛됨이 없는
들찬 하루
살았노라

단 하루 목숨이나
세상을 살았으니

일에 일 일에 살다
속지름 벗어나

하루의
여여로움을
조상님께
감사한다

게으름

내 일을 못다 하고
사는 길 탓하며

고됨을 벗으렴은
자신을 속임이다

앉을 곳
마련 못하고
누울 자리
먼저 찾네

사람으로 태어나
내 자리 못 지켜도

남이 닦은 자리는
넘보지 말아야지

내 시간
미끄러지도록
놓아두진
말아야지

세상은 여기서도 다 보고 있다.
게으름은 하루의 노력으로 고쳐지지 않는 것을.
노력없이 성취되는 일은 아무것도 없으므로
경계해야 할 것이 게으름이다.

한 나무로

하늘 넓게 뻗고 싶은
한 나무 가지가
빌딩 숲 틈새에 어깨를 오그리고

목 뽑아
빗방울 그리며
목이 타는
한나절

절절한 바램은
목 축일 그 날보다
직각의 벽 사이 솟아오를 그날인데

큰 나무
선망의 눈빛
세상 밖의
바램인가

빌딩 사이 그늘진 곳
생각도 좁아지나
작은 키에 원망이 목까지 차오른다

도시 틈
됨됨이 깊이
더나 쌓아
높여야지

빗방울과 햇빛만을 그리며
혼자는 살아갈 수 없는 뿌리는,
더불어 살아갈 다른 뿌리에 욕됨 없이
제자리를 찾아 나무답게 일어서야 한다.

한 그릇

가뭄에 목마름
샘물도 마르는데

내 그릇은 어찌되어
이슬물도 넘치나

한 그릇
무지를 쌓아
큰 그릇이
되려하네

장년기

남은 시간 찾으려
인생길 굽이 돈다

잡히지 않는 세월
가을로 돌아 앉는

세월은
저 혼자 왔다가
내 나이를
딛고 가네

생명을 사글리는
하늘은 늘 젊은데

손으로 마음으로
잡아둘 수 없는 시간

할머니
걸음걸이 같은
장년기
석양 보네

무거운 나이 위에 겨울까지 올라앉는다.
하지만, 세세 년년 이어갈
후손들이 있어 나라는 희망차다.

가족

햇살의 모듬걸음
새싹들의 기지개

눈을 뜨고 번들대는
거기마다 푸르고

가장家長이
제자리 지켜
온기 도는
집안 보네

봄비의 걸음마다
젖물처럼 배이고

들숨 날숨 바람에
잎새들 살랑거림

가족들
웃음소리가
창문 너머
쉼 없어라

한 나무의 건강은 잎들의 웃음에서 보지만,
한 가정의 사는 보람은 물질적인 풍요보다
집안의 화목에 원천이 있음을 본다.

주부主婦

시작에서 끝도 없는
또 하루 집안 살림

주부생활 탓도 없이
할 일을 아는 사람

쉼 없는
손길의 연속
펴 본 허리
언젠가

또 같은 일상日常에서
나를 잊은 세월에

무게 실린 손 끝으로
한 집안을 일으키는

한 가정
주부가 있어
온 식구가
숨길 편다

한 가정을 이룰 때, 남편이 기둥이라면
아내는 대들보가 될 것이다.
따라서 대들보 없이는
기둥은 제대로 서 있지 못한다.
가정이 그것이다.

저승의 아버지

여기 큰 세상에
아버지가 주신 목숨

사람이 그 이상일 수 없는 이 지상에서 내 삶의 거울이신 아버지, 세계에서 足跡이 크신 분들에게 삶의 지혜를 배우며 태산보다 흔들리지 않는 존재가 되라 하셨지요. 내 몸에 남아 있는 시간은 여유를 갖기에 턱 없이 짧은 시간임을 어서 깨치라는 아버지셨습니다.

세계의 이데올로기 격변에도 국익은 모든 가치에 최우선 한다시고 코피 흘리는 공부가 애국의 길이며, 공부와 일을 침착과 동요 없이 조종할 줄 아는 자가 올바른 삶을 바라보는 아들 딸이 된다고 키워 주신 아버지.

사람에게 고통스러운 일이 없다면 그 아무것도 얻어지는 것이 없는 사회에서, 매사에 긍정적이고 활동적인 사람이 되어 내 운명을 변화시켜 나가라는 아버지셨습니다. 어떤 일이고 진실됨에서 시작되지 않으면, 거짓이 더 큰 거짓말을 불러 참됨은 끝내 조종 당하고 만다 하셨지요.

아버지! 사회 경제 전쟁터에서 부대끼다가 꼬치꼬치 마르시어 앙상한 어깨뼈에 肉骨을 사글려도, 온 식구들 마음의 깊은 곳을 꿰뚫어 살피시며, 가족의 끈을 꽉 쥐시고 세상의 넓은 곳으로 날개를 달아 주시던 아버지! 내 것 중에 가장 귀한 것은 최고의 선택인 일이라고 강조하시던 아버지를 정면에서 보면, 외로우신 家長같고 측면에서 보면 저의 집에 神이십니다.

아버진
깊은 하늘을
공기 밟고
걸으십니다.

시조시인 유상용

- 전남 장성 출생
- 서울 대신고교 졸
- 서라벌 예술대학(문예창작과) 졸
- 중앙대 예술대학원(문학예술학과) 수료

- 「중앙일보」 시조 지상 백일장 장원 2번
- 「현대시조」 1991년도 등단
- 중앙대 문학상 외 다수 수상

- 중앙대 문인회 감사 역임
- (사)한국 문인협회 이사 역임
- (사)한국 시조협회 이사
- (사)한국 문인협회 전통문학 연구위원
- 중앙대 문인회 자문위원
- 부여 사비문학회 고문

- 「날개 달린 시간」, 「산그늘」, 「살며 생각하며」, 「새벽은 다시 온다」, 「유상용 時調선집 나는 나로」 출간

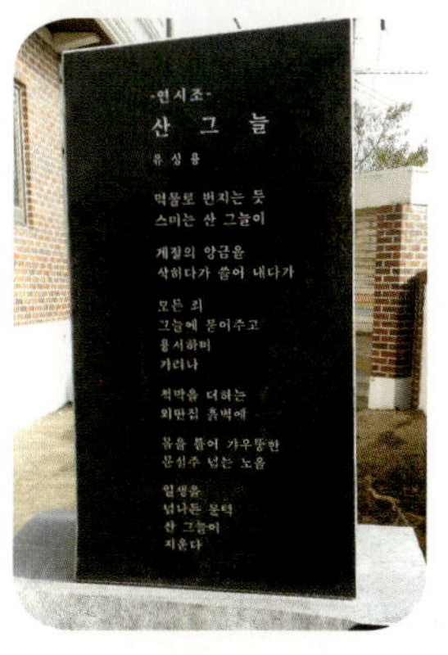

21545
인천시 남동구 석촌로 34, 3동 302호(삼익목화Ⓐ)
전화 : 032-439-7733, 010-8456-7733
E-mail : ysysiin@hanmail.net

※ 유상용 연보는 생략합니다.

한국의 詩는 시조
유상용 시조선집
나는 나로

초판 1쇄 발행　2021년 2월 10일

지은이　유상용
펴낸이　박　용
펴낸곳　도서출판 세화
등록 1978년 12월 26일 제 1-338호
주소 경기도 파주시 회동길 325-22(서패동 469-2)
전화 영업부 (031)955-9331~2　편집부 (031)955-9333
팩스 (031)955-9334　**홈페이지** www.sehwapub.co.kr

정가　13,000원
ISBN　978-89-317-1042-7　03800

유상용 시조선집 「나는 나로」를 구입하실 분은
아래로 연락주시면 우송해 드리겠습니다.
농협 352-1483-0581-13
시인 유상용 (032)439-7733, 010-8456-7733
ysysiin@hanmail.net